小学生心灵成长系列

我和爸妈是朋友

李　晖　主编

知识出版社
Knowledge Publishing House

图书在版编目（CIP）数据

我和爸妈是朋友 / 李晖主编. -- 北京：知识出版社，2018.5

（小学生心灵成长系列）

ISBN 978-7-5015-9749-9

Ⅰ. ①我… Ⅱ. ①李… Ⅲ. ①品德教育—小学—课外读物 Ⅳ. ①G624.153

中国版本图书馆CIP数据核字（2018）第100073号

我和爸妈是朋友　李　晖　主编

出 版 人	姜钦云
责任编辑	周　玄　朱金叶
策划编辑	毛泳洁　陈佳宁
装帧设计	罗俊南　孙　阳
出版发行	**知识出版社**
地　　址	北京市西城区阜成门北大街17号
邮　　编	100037
电　　话	010-88390659
印　　刷	阳谷毕升印务有限公司
开　　本	880 mm×1230 mm　1/32
印　　张	3.5
字　　数	67千字
版　　次	2018年5月第1版
印　　次	2021年1月第3次印刷
书　　号	ISBN 978-7-5015-9749-9
定　　价	20.00元

前 言

　　成长是孩子们必经的一段旅程，在这段旅程里他们要经过一帧帧不同的风景，打开一扇扇神奇的大门，探索这个世界的奥妙与神奇。在这个过程中，家长并不能时时刻刻陪伴在孩子身边，在孩子的认知与这个世界发生碰撞的时候，他们也许无法及时替孩子答疑解惑，但压在孩子心里的困惑和烦恼亟待解决。

　　因此，我们编著了"小学生心灵成长系列"丛书。

　　"小学生心灵成长系列"丛书共十册，分为十个主题。这十个主题以提高孩子的情商和德商为出发点，涉及孩子在成长过程中可能遇到的自卑、骄傲、敏感等一系列问题。我们的目的是通过书中的指引，让孩子在阅读的过程中不断主动思考，进而找到问题的答案，解决孩子的烦恼。我们希望孩子们在阅读这套书的时候，除了感受读书的乐趣，还能在以下几个方面获得成长的启迪。

　　小故事。故事是世界的镜子，反映出世界的多种面貌。故事中有幸福也有苦难，有欢笑也有眼泪，更有做人的基本准则。我们在编写故事时，特意选取了许多经典小故事，让孩子在阅读时不仅不会产生抵触，而且还能得到温暖和力量，解决自己的烦恼。

大道理。道理并不都是生硬、冰冷的，它也可以是寒冷时候的一杯热茶、炎热天气里的一缕清风。我们在爬过成长这座大山时，总结了一些经验，而这些经验恰好可以帮助孩子少走弯路，做更好的自己。所以我们在每篇结尾设置了"成长心语"的环节，结合故事来告诉孩子一些成长中的道理，启迪智慧。

新愿景。把阅读变成有效的成长方式，是我们编写这套书的最初愿望。这套书里有名人名言，有经典故事，也有深层次的道理，这些都是有出处和典故的。我们希望孩子不仅仅是阅读故事，还希望他们能了解故事发生时的历史文化和时代背景，对故事能产生更浓厚的兴趣，继而自己动手去翻阅资料查找内容，自主开拓阅读视野，开辟更多获取知识的路径。

"小学生心灵成长系列"丛书便是这样一套有意义的书。希望孩子在阅读这些充满正能量的故事后，能够真正滋润心灵，提高自身的能力，逐步成长为一个了不起的人。

编　者

2018.4

目录

Contents

沟通是理解的桥梁

一场争论可能是两个心灵之间的捷径。

—— 纪伯伦

贝克先生接到学校电话的时候，他正在开一个很重要的会议，老师在电话里说，他的儿子格莱特把自己弄得一团糟，希望家长尽快把他接回去。

贝克先生匆忙结束会议后赶到学校，一眼就看到了衣服和头发上全部都是泥巴的格莱特。

"你做了什么？"贝克先生很生气。

八岁的格莱特站在那里，举着脏兮兮的小手对父亲说："我想用泥巴建造一座城堡。"

"城堡？"贝克先生的目光扫过旁边完全看不出造型的一堆泥巴，脸色更阴沉了，"跟我回家去！如果再有下一次，我就不会来接你了。"

格莱特跟着父亲回到家，一进门就遇到了刚刚出差回来的妈妈。

"天哪！我的宝贝！你做了什么？"妈妈扑过来。

"我想用泥巴建造一座城堡。"格莱特认真地对妈妈说，希望能够得到妈妈的肯定和鼓励。

遗憾的是，妈妈也无法理解他的行为，她摇着头说道："噢，不，格莱特，你现在要做的是好好学习，将来考上一所好大学，用泥巴建造城堡对你的成长是没有任何意义的。"

这个小小的插曲很快过去了。爸爸、妈妈每天都忙于上班，时光飞逝，不知不觉中，格莱特渐渐长大了。

他依然没有放弃自己的兴趣，不能用泥巴建造城堡，他学会了在纸上构建模型，然后用身边能找到的所有材料偷偷实验。终于有一天，他用废旧的纸盒做成了一栋漂亮的摩天大楼模型，兴冲冲地想要拿去给爸爸、妈妈看，结果，却意外听到了他们的谈话。

"格莱特很快就到读大学的年纪了，要让他学什么好呢？"妈妈苦恼地问。

"当然是金融！"爸爸的声音听起来没有丝毫犹

豫，"现在最吃香、最赚钱的就是金融行业，除了这个，格莱特不能选择其他的。"

"可是……"妈妈似乎还想说些什么，但是最终什么都没有说出来。

门外的格莱特捧着那个大楼模型，悄悄离开了。

格莱特失踪了，贝克夫妇找遍了整个城市，都没能找到儿子的身影。在贝克太太的坚持下，他们报了警，但是依然没有消息。

"格莱特，你到底去了哪里？"

深夜，贝克太太走进儿子的房间，伤心地哭泣。忽然，她看到了书柜最上层那个漂亮的大楼模型下，隐隐露出来一点白色的东西。

"那是什么？"贝克太太把它抽出来，发现原来是一封信。

"亲爱的爸爸、妈妈，请原谅我的离家出走，我无法满足你们的愿望，去学我并不喜欢的金融专业。我的梦想是成为一名优秀的建筑师，建造出这世界上最漂亮的房子，所以，我去柏林学建筑了，希望你们能理解。"

★★
我和爸妈是朋友

　　一周后，当贝克夫妇在警方的帮助下来到柏林找到了格莱特时，贝克先生给了儿子一个拥抱。

　　"孩子，虽然我依然不能原谅你的离家出走，但是我也不能原谅自己忽视你的想法，以后我会和你多沟通，希望永远都不要再犯同样的错误。"

　　多年后，当格莱特成了一名著名的建筑师时，记者问他成功的诀窍是什么，他对着镜头笑了："是来自家庭的理解和沟通。"

成长心语

　　有效的沟通是成功的基石，这个道理在一个人成长的过程中尤为重要。想要得到别人的理解，就要勇敢说出自己的想法。同样的，无论是父母还是子女，都要学会倾听对方的心声，了解对方的需要，而不是仅凭自己的判断就做出决定。

　　作为父母，贝克先生不应该用自己的意愿决定儿子的人生；作为子女，格莱特不应该在梦想被否定时离家出走。假如双方能够坐下来认真地沟通，不愉快的事情就可以避免，美好的事情就可以早一点发生。

　　学会沟通吧，只有清晰地传达出自己的观念和意见，才能搭建起双方心灵交流的桥梁，从而获得更融洽、更和谐的家庭关系和人际关系，走向真正的成功。

我和爸妈是朋友

信任里开出爱的花

爱的最好证明就是信任。

——乔伊斯·布拉泽斯

乔伊在同学们眼中是个怪孩子，他每天都穿着洗得发白的衣服，背着破旧的书包上学。他一个人安安静静地坐在教室的角落里，除了老师点名的时候，同学们几乎感觉不到他的存在。

但是，每当上体育课时，他却像变了一个人似的，整个足球场上都能看到他风一样的身影，就连最挑剔的体育老师都会夸奖他，说他是个难得的足球天才，将来一定能成为一个专业的足球运动员。

不过，在成为一个专业的足球运动员之前，乔伊最苦恼的事情是他没有一双合适的运动鞋，他的脚上永远穿着从爸爸那淘汰下来的旧皮鞋。

这一天，当他再次为鞋子苦恼时，坐在他前排的杰克正在向同桌布鲁斯炫耀自己的新运动鞋。

"嗨！你看！这是我爸爸为我买的和罗纳尔多穿的鞋同款的运动鞋，穿着它踢球一定棒极了！"

杰克把脚抬得很高，所以乔伊也看到了那双运动鞋。那是一双漂亮的鞋子，一看就让人有一种想要拥有的冲动。

那天下午的体育课上，乔伊忍不住总是看杰克的鞋子，想象着自己穿上它之后跑得该有多么快，想着想着，他的心中突然有了一个主意。

乔伊谁也没有告诉，悄悄开始了自己的计划。一个月之后，当他穿着一双崭新的运动鞋出现在体育课上时，杰克突然指着他大声叫道："乔伊，这双运动鞋你是从哪里弄来的？"

乔伊没有说话，只是愣愣地看着杰克，杰克还在生气地大吼："我的鞋子放在宿舍里找不到了，是不是你偷的？"

同学们都围过来，纷纷议论着，布鲁斯还跳出来为杰克作证，乔伊脚上的运动鞋和杰克丢的那双一模一样，渐渐地，大家看着乔伊的目光就像是看着一个小偷一样。

因为乔伊怎么也不肯说出自己鞋子的来历，老师无奈之下只好请来了乔伊的爸爸。那是一个满脸沧桑的男人，脊背被生活的重担压弯了，常年出海捕鱼的经历让他的身上充满了鱼腥味。

"天哪！乔伊的爸爸一看就是个穷人，乔伊怎么会有钱买那么贵的鞋子，一定是偷的！"

人群里有人窃窃私语，旁边的人都在点头。

可是，听完了老师的叙述和杰克的指控，乔伊的爸爸竟然摇了摇头："不！我相信我的儿子，他不会偷东西的！"

"可是，他的鞋子明明和我丢的那双一样！"杰克还在大叫。

旁边的老师问乔伊的爸爸："那是您给乔伊买的这双鞋子吗？"

"不！"乔伊的爸爸还是摇头，"我没有给他买过这双鞋，也没有给过他足够买鞋的钱。"

"那……"老师觉得事情已经不需要再问了，事实已经很清楚了——乔伊偷了杰克的鞋子。

"但是……"乔伊的爸爸接着说道，"我仍然坚持相信，这双鞋不是乔伊偷的！"

在大家怀疑的目光中，乔伊的爸爸在乔伊面前蹲下来，说："乔伊，你能告诉爸爸，这双鞋是从哪里来的吗？"

一直站在旁边没有说话的乔伊抬起头，看着爸爸信任的眼神，终于忍不住失声痛哭。

"爸爸，这双鞋不是偷的！"他哭着说，"我想要一双新运动鞋，但是不想让您为难。所以这一个月里，每天傍晚我都会去海边，捞一些鱼虾卖掉，昨天终于攒够了买这双鞋子的钱，我还有百货商场的售货凭证。"

一张被折得很整齐的售货凭证在众人面前展开，证明了乔伊说的都是真的。大家看着这对虽然贫穷却互相信任的父子，惭愧地低下了头。

成长·心语

　　信任是世界上最美好的情感，父母对子女的信任是对孩子最好的爱。当全世界都怀疑我们时，只要父母还站在身边，我们就能拥有坚持的勇气和信心。

　　故事里乔伊的爸爸很普通也很贫穷，但是他始终相信儿子，在乔伊孤立无援时伸出了信任的双手。也只有这样的父亲，才能教育出乔伊这样既体谅父母又自食其力的儿子，从而获得大家的尊重。

　　所以，不管身处顺境还是逆境，不论家庭富有还是贫穷，我们跟父母之间都要相互信任。

藏在忙碌背后的爱

在你出生前，你的父母并不像现在这般无趣，他们变成这样是因为忙着付你的开销、洗你的衣服、听你吹嘘你有多了不起。

——比尔·盖茨

约克最近很烦躁，他十一岁了，是个名副其实的大孩子了，可是爸爸、妈妈还是喜欢把他当不懂事的小孩子一样对待。

"约克，放下你手中的电视遥控器，到该写家庭作业的时候了。"

"约克，晚上睡觉的时候记得盖好被子。如果不小心感冒，就糟糕了。"

"约克，不要只吃肉，要多吃一些蔬菜。挑食是非常不好的习惯。"

"约克……"

……

"烦透了！"约克趴在床上嘟囔。

就在刚才的晚餐桌上，爸爸、妈妈又不停地唠唠叨叨，一会儿说这个月的水费超过预算了，一会儿说市场上的面粉又涨价了……说着说着，妈妈忽然提起约克的成绩好像比之前下降了。于是，两个人又叮嘱了约克半天，让他不要贪玩，要好好学习。

"为什么我的爸爸、妈妈不能像凯里的爸爸、妈妈一样呢？"约克在心里想。

他见过凯里的爸爸、妈妈，他们一个是公司老板，一个是画家，平时会经常带凯里去看球赛，放假了，还带凯里去旅游……一家人生活幸福极了。

可是，自己的爸爸、妈妈呢？他们只是公司里的普通员工，每个月赚的钱都要省着花，即使是自己过生日，爸爸妈妈也只是送了一个新书包。平时别说旅游了，连一家人一起出去吃顿晚餐，妈妈都要心疼很久。

"我真是太可怜了。"约克在日记本上写，"我真的好想快点长大，那样就再也不用听爸爸、妈妈唠叨，自己就可以自由自在地想做什么就做什么了。"

约克的烦恼，爸爸、妈妈一点都不知道，接下来的日子里，他们还是和以前一样每天很早就出去工作，很晚才能回家，偶尔有时间陪约克聊天，说的却全是约克不喜欢的话题。

在约克的郁闷中，圣诞节就要到了，班上的同学计划一起去狂欢，约定的地点很远，很多同学都说让自己的爸爸、妈妈开车接送，只有约克不知道该怎么办，因为前一天他就听爸爸、妈妈说了，他们圣诞节要加班。

"说不定，他们愿意为了我放弃加班呢。"

给爸爸、妈妈打电话的时候，约克忍不住幻想着。但是当他说出自己的请求时，还是被拒绝了。

"对不起，约克，爸爸、妈妈真的抽不出时间陪你去参加圣诞节活动，你自己要注意安全。"

挂断电话后，约克垂头丧气地往家里走去，在路过街角的约翰医生家时，他被叫住了。

"嗨！约克！"约翰医生朝他挥手，"你爸爸的身体好点了吗？"

"什么？"约克不明白，爸爸的身体不是一直都很健康吗？

"前段时间，你爸爸心脏不舒服，我帮他检查了，是劳累过度导致的。"约翰医生还在那里说着，"我让他不要加班了，结果他非说想要多赚一些钱，到明年就可以带你去看你最喜欢的球赛，可不管怎样，身体健康才是最重要的呀！"

约翰医生说完就转身走了，留下约克一个人愣在那里。

这一天，约克最终没有去参加圣诞节的活动，等到爸爸、妈妈回来的时候，他冲上去说道："爸爸、妈妈，我不看球赛了。你们不要这么辛苦！"

他的手里捧着一束鲜艳的玫瑰花，花朵上方的小卡片上写着一行字——

爸爸、妈妈，你们辛苦了，圣诞节快乐！

成长心语

　　从我们呱呱坠地的那一刻，父母就开始了对我们的爱，但是很多时候，他们把爱藏在对我们的唠叨里，藏在平时的一茶一饭里，藏在深夜的一声叮咛里。如果你不仔细分辨，也许会误解他们，甚至会因此叛逆。但是某个不经意的瞬间，当你回过头时，会发现最爱你的依然是父母，因为他们为了你已经倾尽全力。

　　爱是需要发现的，所以，当我们抱怨父母管束太多，或者某件事不能达到我们的要求时，不妨换一个角度想一想。多少个日夜里，他们伏案工作、来回奔波，只是为了给我们提供更好的生活，甚至为此熬白了头发，压弯了脊背。我们又有什么理由不去理解他们呢？

　　给父母多一点理解，少一点抱怨，一切都会变得更美好。

我和爸妈是朋友

母亲培养出的木工大家

孩子们的性格和才能,归根结底是受到家庭、父母,特别是母亲的影响最深。

——宋庆龄

鲁班,姓公输,名般,因为是春秋时期鲁国人,且"般"和"班"同音,古时通用,所以人们又称他为"鲁班"。他的父亲是一位木匠,这在当时并不是一个受人尊敬的职业,所以鲁班出生后,父亲就希望他能通过读书出人头地。

鲁班的母亲知书达理,在鲁班三岁的时候开始教他识字,渐渐地,她发现鲁班虽然很聪明,识字也很快,但好像对木工更有兴趣。他有时候会用树枝搭个房子,有时候就什么都不做,只拿着父亲的工具摆弄来摆弄去,经常一玩就是一整天,连吃饭都忘记了。

于是，鲁班的母亲偷偷把这件事告诉了鲁班的父亲，并且建议鲁班的父亲教鲁班木匠的手艺，但是鲁班的父亲听了后很生气："我做了一辈子木匠，你还让他摆弄这些东西，难道还想让他走我的路吗？"

可是鲁班的母亲不这样认为，她觉得小小年纪的孩子，正是培养兴趣的时候，鲁班既然对木工感兴趣，做父母的就不应该扼杀他的兴趣。于是，她在继续教鲁班识字的同时，鼓励鲁班坚持自己的兴趣，而且经常和鲁班一起研究那些工具，帮助鲁班拓宽思路，培养他动手的能力。

随着时间的推移，鲁班到了去上学堂的年纪。在父亲的坚持下，他来到了学堂学习，但是老师却发现鲁班总是在课堂上鼓捣一些木工工具，而且做出来的小东西精致又实用。于是老师就向鲁班的父亲建议，让鲁班专门学习木工，说不定能做出一番大事业。

看到儿子做的工具，鲁班的父亲终于妥协了，他把自己的手艺全部教给了鲁班，等到鲁班全部学会的时候，又送他去终南山拜师学艺。

经过几年的学习，鲁班学成下山了，正式成为了

我和爸妈是朋友

一名木匠。他的母亲还是一如既往地支持他、鼓励他，在他做木工活需要帮助的时候，母亲经常放下手头的事情过来帮他。在母亲的启发下，鲁班发明了画线用的墨斗，节省了很大的人力。

因为母亲的支持，鲁班在木工行业取得了很大的成就，成了我国早期木工、建筑器械等方面杰出的民间工艺家。今天木工用的很多手工工具，如锯、钻、刨子、铲子、曲尺等，都是鲁班发明的。除了这些工具之外，鲁班还发明了磨、碾、锁等生产和生活用具，制造出了攻城用的"云梯"等。后世的人提到鲁班，都尊称他为天下木匠的鼻祖。

成长心语

　　母亲是孩子的第一任老师，母亲的教育方式对孩子一生的影响是巨大的。聪明的妈妈善于发现孩子的闪光点，鼓励孩子发展自己的兴趣，在这个过程中能对孩子加以正确的引导，最终培养孩子成才。

　　兴趣是最好的老师，我们也要学习鲁班坚持理想的精神，以兴趣为动力，找准自己的人生目标，坚持不懈地努力学习，无论遇到什么样的困难和阻碍，都不放弃。终有一天，会获得真正的成功。

爱的脚印

父爱是沉默的。如果你感觉到了，那就不是父爱了。

——冰心

安德烈是个很胆小的孩子，他在学校里总是小心翼翼的，走路喜欢低着头，偶尔大一点的声音或者同学的恶作剧都会让他哭出来。渐渐地，大家都不喜欢和他玩了。

有一天，安德烈的父亲约翰先生从老师那里知道了这个情况。夜里的时候，约翰先生和妻子商量："不能再让安德烈这样胆小下去了，我们必须采取一些措施，让他变得强大起来。"

于是，第二天的早餐桌上，约翰先生对安德烈说："从今天起，你必须一个人上学和放学，我和你的妈妈都不会再去接送你。"

正在喝牛奶的安德烈一下子愣住了，他不知所措地望着爸爸和妈妈，棕色的大眼睛里写满了惶恐和害怕，晶莹的泪珠似乎马上就要落下来。

遗憾的是，爸爸一直严厉地看着他，妈妈转开了目光。

从安德烈的家到学校有三千米，沿途都是一些高大的树木，安德烈从来没有一个人走过这里，所以被爸爸赶出来要求自己去学校的时候，他一边走一边哭，吓得完全不敢向两侧看。到了学校，他红通通的双眼照例遭到了同学们的嘲笑。

从这一天起，每天的上学和放学变成了安德烈最害怕的事情。他总是磨磨蹭蹭地吃完早餐，然后在爸爸严厉的要求下一个人背着书包出门，如果想要向母亲求助，就会遭到爸爸狠狠地瞪视。

"爸爸一定不爱我了。"安德烈偷偷在心里想。他不再和爸爸交流，沉默地对抗着爸爸对他的不公平待遇，即使这样，也没能让爸爸改变主意。

渐渐地，安德烈习惯了一个人上学和放学的时光，他开始觉得路边的野花其实也很美丽，从树叶间传出的风声好像动听的乐曲，偶尔有小小的蝴蝶从花丛中飞过，他甚至追着它跑到过树林深处。

"其实，一切也没那么可怕嘛！"

安德烈慢慢快乐起来，他已经有很长时间没有哭鼻子了，和同学们的关系也有改善。有一次体育课上踢球，他不小心摔了一跤，就在所有人以为他会大哭的时候，他竟然爬起来拍拍身上的尘土，继续向前跑去。

"咦？安德烈的胆子变大了，再也不是爱哭鼻子的讨厌鬼了。"

同学们在一边窃窃私语，他们看安德烈的目光开始变得友好起来。

就这样又过了一段时间，安德烈还是不肯和爸爸说话。天气渐渐冷了，有一天早上，外面飘起了鹅毛大雪，地上一片洁白。安德烈穿得厚厚的走在上学的路上，但是因为路实在是太滑了，在下坡的时候，他不小心摔了一个跟头，咕噜噜顺着山坡滑下去。

"安德烈！"

身后突然传来一声惊恐的大叫，一个熟悉的身影飞一般地冲过去，把安德烈从地上抱起来。

"爸爸？"安德烈惊讶地看着抱着自己的人，目光越过爸爸的肩膀，看到了后面两行不同的脚印：一行小的是他自己的，一行大的是爸爸的。

　　"为什么？"这一天，在约翰先生背着安德烈上学的路上，安德烈忍不住问，可是爸爸却没有回答。

　　一直到晚上的时候，安德烈偷偷把白天发生的一切告诉了妈妈，没想到妈妈露出了了然的表情。

　　"傻孩子，从让你一个人上学的第一天起，爸爸就一直跟在你身后啊。他只是想让你成长，并不是不爱你，难道你一直都不明白吗？"

成长·心语

有人说，父爱如山，母爱如水。很多时候，父亲的爱都像山一样沉默。有时候，他们严厉和冷漠的外表会遮挡我们发现爱的视线；但是，某一个瞬间，当我们回眸的时候，会发现原来他们一直都在我们身后，用爱在支撑我们前行。

约翰先生不爱安德烈吗？不，他爱！所以，在狠心让安德烈一个人上学的时光里，他才会一直偷偷跟随，只为了确保儿子的安全。但是，他的爱又是沉默的，即使安德烈因此对他产生了误解，他也始终没有解释，直到安德烈从妈妈的嘴里知道真相。

所以，让我们擦亮眼睛，发现父亲深藏在心底的爱吧，不要让误解阻挡了我们和父亲的交流，更不要让父亲的爱因为沉默而被岁月尘封。

爱是需要表达的

爱是生命的火焰，没有它，一切变成黑夜。

——罗曼·罗兰

蒂娜今年十二岁，是个乖巧可爱的女孩子。这天站在兰妮老师面前的时候，她总是挂满笑容的脸上却布满了阴影，看起来无精打采的。

"亲爱的蒂娜，今天你的心情好像有点糟糕，能告诉老师发生了什么事情吗？"兰妮老师温柔地问道。

蒂娜的眼圈红红的，她望着兰妮老师关切的眼神，过了很久才说出了原因。原来，昨天晚上，蒂娜和妈妈发生了不愉快的冲突。冲突的原因是，蒂娜吃饭的时候不小心打碎了一只碗，妈妈不高兴地唠叨了她很久，她没忍住辩解了两句，结果妈妈更生气了，最后两个人整整一个晚上互不理睬。

我和爸妈是朋友

"噢，听起来真的有点糟糕。"兰妮老师露出遗憾的表情，"但是蒂娜，其实这件事本来可以有更好的结果。"

"我知道。"蒂娜点点头，"妈妈最近失业在家，她心情很不好，我不该和她吵架。"

"是这样啊！"兰妮老师认真思考了一会儿，看着蒂娜难过又后悔的模样，她眨眨眼说，"我教给你一个办法，也许能让一切都好起来。"

"真的吗？"蒂娜的眼睛亮晶晶的。

这一天，蒂娜回到家里的时间比平时晚了半个小时，妈妈习惯性地想要唠叨她几句，但是蒂娜在妈妈开口之前，走过去抱住了她。

"妈妈，对不起，昨天晚上是我不对。"她趴在妈妈柔软的怀抱里，轻轻地说，"还有，妈妈，我爱你。"

听完蒂娜的这句话，妈妈脸上的表情一下子变了，她先是疑惑地看着女儿，然后紧皱的眉头慢慢地舒展开，嘴角也翘了起来。

"没关系，昨天晚上，妈妈也有不对。"妈妈有点不好意思，还有点感动，"我也爱你，蒂娜！"

于是，当天晚上，因为妈妈的好心情，一家人享受了一顿美味的晚餐，等到睡觉的时候，妈妈还给了蒂娜一个吻。

从这一天起，蒂娜每天都会对爸爸、妈妈说："我爱你！"渐渐地，家里沉闷的气氛改变了，爸爸妈妈脸上的笑容多了起来，每天互相说"我爱你"成了一家人的习惯。蒂娜在学校里又恢复了开朗活泼的样子。

等到冬天过去、春天到来的时候，蒂娜的妈妈终于找到了满意的工作，爸爸也升职了，她自己还考了班级的第一名，一切都变得越来越好。

蒂娜再次来到了兰妮老师的办公室，只不过，这一次她的脸上洋溢着快乐的微笑。

"谢谢您，兰妮老师，您说得一点儿也没错，爱是需要表达的，爱是召唤好运的钥匙。"

我和爸妈是朋友

成长·心语

　　父母和子女之间的爱是人世间最宝贵的感情，但是因为它时时刻刻在我们身边，有时候我们忽略了它，或者忘记了怎么去表达。

　　其实，我们的一个笑容、一个拥抱、一个亲吻，就能表达出我们对父母深深的爱意，给他们带来愉悦感和幸福感。一声简单的"我爱你"，就能让世界充满阳光，让家人的心更加紧密。所以，不要再等待了，勇敢地对爸爸、妈妈说出我们的爱吧！

一个母亲的拒绝

全世界的母亲多么的相像！她们的心始终一样。每一个母亲都有一颗极为纯真的赤子之心。

——沃尔特·惠特曼

意大利罗马有一位"白痴天才"斯蒂芬，他从小就和别的孩子不一样，一直到七岁才能勉强说出一个字，所有人都认定了他在智力方面存在缺陷。

但是，有一天，这一切突然改变了。一次意外的机会，斯蒂芬得到了一支铅笔和一张纸，他开始在纸上画画。周围的人们惊讶地发现，斯蒂芬能用铅笔画出所有他见过的东西，这实在是太神奇了！

斯蒂芬具有这项特殊才能的事很快传播开来，在他十五岁那年，美国国家医学研究院的专家们为了验证斯蒂芬的才能，带他一起坐着直升机在罗马城上空飞了一圈。在之后的七天时间里,斯蒂芬用画笔在一幅五米长的画卷上画出了整个罗马城。最令人吃惊的是,画中所有的景物和现实中几乎一模一样。斯蒂芬的大脑就像是一台摄像机,记录下了他所看到的一切。

专家们震惊了,他们无法理解一个在其他领域完全处于无知状态的少年,是怎样做到这神奇的一切的。于是,他们约见了斯蒂芬的母亲——塔妮莎女士,想要征得她的同意,让他们对斯蒂芬的脑部进行电子仪器扫描,看看他的左右脑结构到底是怎样的,好找到斯蒂芬拥有超级视觉记忆能力的真正原因。

令所有人感到意外的是,塔妮莎竟然毫不犹豫地拒绝了,她不同意让专家们对儿子进行研究。即使专家们提出用两百万美金换取这次研究机会,塔妮莎依然没有同意。

没有人能够理解塔妮莎的行为,所有人都知道,塔妮莎需要这笔钱。她的丈夫在斯蒂芬七岁那年就在一场车祸中身亡,斯蒂芬又情况特殊,不能离开母亲的照顾,这使得塔妮莎根本无法外出工作,母子俩一直靠政府的救济生活。这两百万美金的巨款对塔妮莎来说，应该是个无法抵挡的诱惑。

专家们想了又想，终于想出来一种可能，那就是塔妮莎担心脑部扫描的安全性。他们对塔妮莎说，医学研究院的脑部扫描仪器是专门为斯蒂芬研发的，非常先进，不会对斯蒂芬的脑部造成任何伤害，也不会留下后遗症。

在所有人的注视下，塔妮莎还是摇了摇头。面对大家的疑惑，塔妮莎终于说出了真正的原因。

原来，她并不是担心脑部扫描会对斯蒂芬造成伤害，让他不再是一个天才。她只是想让自己的儿子像普通人一样，白痴也好，天才也罢，都能快快乐乐地生活在自己的世界里，而不是像一个"异类"一样被研究来研究去。

"这是我作为一个母亲的最大心愿，也是我拒绝的真正原因。"塔妮莎说道。

在这样无私又伟大的母爱面前，执着的专家们终于放弃了他们的计划。

成长·心语

  母亲对儿女的爱是天生的，这一点不会因为任何外在的困难或者磨难而改变，不管做什么事情，母亲第一时间考虑的永远是儿女，而不是自己。

  在我们的生活中，母亲无私又伟大，她为我们挡住风霜雨雪，殚精竭虑，只为了让我们过上更好的生活。母亲对我们的爱凌驾一切，永不褪色。

贫苦家庭走出的民族英雄

一个人从小所受的教育把他往哪里引导，能决定他后来往哪里走。

——柏拉图

林则徐出生于福建一个贫苦家庭，他的父亲林宾日是当地的教书先生，靠到处给人教书和讲学为生。林则徐是家里的次子，他还有十个兄弟姐妹，所以家中生活非常艰难。

后来，林宾日借用邻居的房子开了私塾，又中了秀才，按照当时的律法可以领取一部分粮食，这才缓解了家中的困境。但是因为家里孩子太多了，很多时候一家人还是连三餐都吃不饱。

在这种情况下，林则徐的母亲陈帙开始偷偷用剪纸这门手艺贴补家计，还把这项技艺教给了自己的女

★ ★
我和爸妈是朋友

儿们。林则徐每天去上学的时候，都会先将母亲和姐姐、妹妹们的剪纸作品拿去店铺寄卖，放学后再去店铺把卖到的钱拿回家交给母亲。这样贫苦的生活，让林则徐做了官之后依然保持着勤俭节约的好习惯。

即使生活很艰难，林则徐的父亲也始终没有忘记帮助更加贫穷的邻里和亲人。有一次，林则徐的三伯林天策家里实在揭不开锅了，无奈之下只好来到林则徐家里借粮。林则徐的父亲什么都没有说，只是让林则徐去给三伯装一些粮食。

林则徐到厨房里一看，米缸里只剩下一点点米了。于是，他偷偷把情况告诉了父亲。没想到，父亲依然坚持让他把剩下的米借给三伯，还叮嘱他说："一会儿在伯父面前，不要说我们没有米吃了。"

父亲的行为给了少年林则徐很大的触动，在日常的学习中，林则徐的父亲还很注意将书中的一些道理告诉儿子。有一次，林则徐背诵《诗经》中的《硕鼠》一章时，不明白"硕鼠"的意思，就去问父亲。父亲对他说："硕鼠就是大老鼠，这一章写的就是这种大老鼠偷窃农民的劳动成果，你说这种大老鼠该不该除掉呢？"

　　林则徐点点头："不劳而获是不对的，应该除掉这些大老鼠！"父亲于是趁机教育他，有些贪官污吏就像大老鼠一样可恶，总是欺负贫苦的劳动人民，并告诉他长大后如果做了官，一定要做一个时刻不忘老百姓的好官。

　　在父亲的教育下，林则徐始终牢记百姓生活的不易，每到一地做官，首先做的就是了解民间疾苦。他始终重视农耕和河道治理，尽己所能为劳苦大众谋取更好的生活。

　　在父亲的影响下，林则徐一生清廉正直、疾恶如仇，在民族危难的时刻挺身而出，受命为钦差大臣，远赴虎门销烟，并且留下了"苟利国家生死以，岂因祸福避趋之"的千古名句，成了我国近代史上著名的禁烟英雄。

成长心语

　　父母是孩子的第一任老师，也是孩子终生的老师，所以父母的行为和教育对孩子的成长至关重要。作为子女，我们要善于从父母的行为中汲取养分，学习父母身上的闪光点，努力让自己成为一个有理想、有道德、有修养的人。

母亲的目光

成功的时候，谁都是朋友。但只有母亲—— 她是你失败时的伴侣。

—— 郑振铎

在世界文坛上，曾经出现过一位很有名的残疾人作家。虽然他大部分时间都是在轮椅上度过的，但是从他的文字中，看不出一点残疾人的郁闷和消沉。这一切，很大程度上都要归功于他的母亲。

二十岁之前他和普通人一样，是个平凡又快乐的青年。后来他因为腿疾住进了医院，医生在检查之后说他可能再也站不起来了。那一天，正好是他二十一岁的生日。

正是一生中风华正茂的年纪，突然之间听到这个消息，他怎么都无法接受。他每天躺在病床上，眼睛盯着天花板，无数次在心里问自己为什么还要活着。每天早上醒来，他都对自己说，如果不能再站起来奔跑，还不如直接死去。

不久后，他的双腿彻底瘫痪了。他开始变得喜怒无常，甚至会突然失控，举起手边的东西砸玻璃。听到收音机里的歌声，他也会恼怒地抓起东西砸向墙壁。

他的母亲了解他的痛苦，每次在他发脾气的时候，都会悄悄躲出去。当一切恢复安静的时候，她再走进去，装作什么都没有发生过一样，对他说："听说公园的花儿都开了，我推着你去看看。"

青年不愿意去，他拼命地捶打自己的双腿，嘴里还大喊："不！我不去！我活着有什么劲！"母亲扑过来抓住他的手，忍着哭声说："咱娘儿俩在一块儿，好好活，好好活……"

尽管医生已经说过他的腿无法再医治，他的母亲却始终不肯放弃。她到处去找大夫，打听偏方，花很多钱，虽然始终没有效果。

终于，青年放弃了，总是一言不发地自己摇着轮椅去附近的公园，一待就是一整天。每次出门的时候，母亲都会沉默地帮他坐上轮椅，看着他一点一点摇出去，她自己却始终站在原地。有一次，他突然想起了一件事，于是又摇着轮椅回来，结果看到母亲还在原地一动不动地站着，目光投向他离开的方向，好像在看儿子的轮椅摇到哪里了。

在母亲的陪伴下，青年渐渐走出了瘫痪的阴影，但是就在他想要振作起来的时候，他的母亲突然倒下了。原来，母亲已经生了重病，但只是在他面前从来没有表现出来，一直到再也坚持不住了永远地离开了。

母亲的离去让青年在一夜之间醒悟，他后悔没有在母亲还陪在身边的时候多给母亲一些安慰，于是把对母亲的歉疚和深情全部化成了文字，最终成了一个受人敬仰的作家。

成长·心语

　　母亲的爱是一缕甘泉，滋润着我们的生命。她用谁都无法超越的感情陪伴着我们前行，教会我们勇敢地面对人生中的各种困境。直到我们不经意地回首，才会发现母亲站在原地的身影和凝望着我们的目光，那里面是满满的爱。

快乐是最好的教学

所有能使孩子得到美的享受、美的快乐和美的满足的东西，都具有一种奇特的教育力量。

—— 苏霍姆林斯基

修德是德国著名的大作家，他出生时身体非常虚弱，他的父母甚至担心养不活他，所以不敢用严厉的方法教育他。

但是，看着一天天长大的修德，他的父母又不甘心让他一事无成，于是在慎重的思考之后，他们决定用一种特别的方法来为修德启蒙。

从此之后，邻居们总是会看到这样一个场景：高大的父亲拉着小修德到公园里游玩，到田野里散步。他们有时候会唱一些通俗易懂又蕴含着生活哲理的歌谣，有时候会做一些简单而有趣的游戏……在歌谣和游戏中，修德学到了很多知识。

为了培养修德的想象力，修德的母亲在他两岁的时候，开始每天给他讲故事。一开始只是一些小故事，修德的母亲在讲述的过程中会有意识地引导修德提问。等到修德渐渐长大时，小故事慢慢变成了长篇故事，聪明的母亲每天只讲一小段，在故事最有悬念的地方停下来，并对修德说："你猜，下面会发生什么呢？明天把你的猜测告诉妈妈好不好？"

修德开心地答应了，他兴奋地想着故事的情节发展，在脑海中勾勒接下来可能会发生的事情，有时候甚至能自己想出一个结局。

在这样的教育方式下，修德喜欢上了听故事和编故事。遇到想不明白的事情，他还会偷偷跑去和奶奶商量。这样，在第二天的时候，他就可以把自己想好的情节告诉妈妈，赢得妈妈一个赞赏的吻。

这种独特的讲故事的习惯一直在修德和母亲之间延续着，在修德十九岁那年，他因为生病中断了学业，回到故乡养身体。于是，在童年之后，他再一次沉浸在了和母亲一起虚构故事的兴奋中，只不过，这一次，修德不再满足于为母亲讲的故事思考结局，而是开始尝试自己构思故事。每当他完成一个故事的时候，母亲总是给他最大的肯定，这更加坚定了修德的自信，这种自信对修德的一生影响都很大。

后来，修德的身体好了，他继续学习学业，同时开始尝试创作，母亲成了他小说的重要主题。

对于修德的作品，母亲非常满意。她对身边的人说，从儿子发出第一声啼哭的那一刻起，她就从未怀疑过他是个天才。

修德的父母对他的一生影响巨大，这种快乐的家庭教育，使修德在文学、音乐、绘画等多方面都受到了良好的熏陶，最终他为后世留下了无数宝贵的精神财富。

成长·心语

　　快乐是最好的教育。我们应该学习修德，从生活中汲取知识的养分，从点滴的快乐中学会总结经验，为自己的思想插上飞翔的翅膀，最终获得属于自己的成功。

为自己的行为负责

孩子的身上存在缺点并不可怕，可怕的是，作为孩子人生领路人的父母缺乏正确的家教观念和教子方法。

——珍妮·艾里姆

里根小的时候，跟随父母移居到了迪克森镇，这个小镇坐落于罗克河畔，风景秀丽。年少的里根热衷于和小伙伴们一起做很多刺激的事情。他们夏天的时候在河里游泳、钓鱼、划船，秋天的时候在家门口的空地上踢球……整个小镇上都回荡着里根和小伙伴们的欢笑声。

对于里根来说，每天的生活都是新鲜的，似乎没有什么值得烦恼的事情，直到有一天，他和小伙伴们在院子里踢足球时，不小心把邻居家的玻璃打碎了。

我和爸妈是朋友

一起踢球的小伙伴们瞬间一哄而散，只留下里根站在那里。邻居生气地走出来，要求里根赔偿十二点五美元。在当时的美国，十二点五美元是一笔很大的数目，里根完全不知道该怎么办。在请求邻居允许他回家求助后，里根飞快地跑回家，向父亲说明了情况。

"我不会替你赔偿的。"让里根吃惊的是，父亲毫不犹豫地拒绝了帮他赔偿的请求，"玻璃是你打碎的，你现在要做的是去向邻居真诚地道歉，然后自己赔偿。"

"可是，我没有钱啊！"里根摊开空空的双手，眼巴巴地看着父亲。

"我可以先把钱借给你。"父亲说，"但这是你自己造成的过失，你必须自己承担责任。你今年已经十一岁了，我给你一年的时间，你要把十二点五美元还给我。"

"好吧！"为了拿到钱，里根无奈地答应了。

用父亲借给他的钱还给了邻居后，里根开始思考自己究竟怎样才能赚到这十二点五美元。

"我相信你可以的！"父亲一边鼓励他，一边放下了手中的报纸。

里根的目光扫过报纸，眼前突然一亮，他可以利用周末和假期打工啊！就这样，十一岁的里根开始了自己的打工生涯。他给邻居家除过草，给社区送过牛奶和报纸，终于在半年后赚够了十二点五美元，并把钱还给了父亲。

这件小事过去后，里根明白了什么叫责任，懂得了通过自己的劳动来承担过失，还在打工的过程中接触到了很多人。他渐渐不再贪玩，利用自己良好的水性，他接受了当地青年志愿者水上救生课程的训练。从十五岁开始，里根利用暑假在当地的水上公园充当过七个假期的救生员，共救起了七十七名溺水的游泳者，被当地的媒体冠以"英雄"的称号。

在里根一生的岁月中，不管是作为一个演员、一个演讲家，或者是后来的总统，他从来没有忘记过父亲的教导。无论自己做什么事情，他都始终牢记着对自己的行为负责。因此，他成了美国历史上一位受人爱戴的总统，并在美国 2005 年举办的票选活动——"最伟大的美国人"中名列榜首。

我和爸妈是朋友

成长·心语

　　懂得承担责任，是一个人为人处事的根本。文中父亲看似苛刻的要求，对里根认识到自己的错误起到了非常重要的作用。在后来日复一日赚钱的过程中，里根学会用自己的双手弥补自己的过错，为他日后的成长也奠定了很好的基础。

　　我们要学习里根的担当和毅力，不去逃避已经发生的事情，勇敢面对自己不当行为造成的后果，做一个有责任感和担当的人。

两个家族的不同命运

成功的家教造就成功的孩子，失败的家教造就失败的孩子。

—— 泰曼·约翰逊

在美国，有两个百年家族，他们在不同的城市繁衍生息，从未间断。从他们的祖先数下来，两个家族在两百年间都繁衍了八代子孙，纵观他们的命运，却天差地别。

我们先来看康涅狄格州的爱德华家族。爱德华家族的祖先叫嘉纳塞·爱德华，他是一位著名的哲学家，学识渊博，为人正直，而且非常重视对子女的教育，他的孩子们都非常优秀。

在他的影响下，这种良好的家风一直延续了下来，爱德华家族渐渐成为美国一个令人敬仰的家族。在这个家族的八代子孙中，共出了一位副总统、一位外交官、十三位大学院长、一百零三位大学教授、六十位医生、二十多个议员……在两百多年的时间里，家族中没有一个人触犯过法律，每个子孙都拥有正当的职业，并且这种家风还在继续传承下去。

接下来，我们调转目光，再来看一下纽约州的莱克家族。莱克家族的祖先叫马克斯·莱克，他是个臭名昭著的赌棍加酒鬼。他开设赌馆，对子女教育不闻不问，任由他们想做什么就做什么。

结果如何呢？我们翻开这个家族的历史会发现莱克家族的八代子孙中有七个杀人犯、六十五个盗窃犯、三百二十四个乞丐，因狂饮夭折或成为残废者高达四百多人……当地任何一个人提到莱克家族，都会露出恐惧的神情。

无独有偶，在中国历史上也有这样受长辈影响的后代的例子，一个是岳飞，另一个是秦桧。

岳飞是中国古代著名的军事将领、南宋抗金名将。从他小的时候开始，他的母亲姚氏就教育他要忠君爱国，在他二十岁从军那年，母亲在他的背上用针刺了

"精忠报国"四个大字，时刻不忘提醒他为国效力。等到岳飞有了儿子后，又像母亲当年教育自己一样教育他们。他的长子岳云在十二岁就当兵入伍，每当有战事的时候都冲在前面，很快像父亲岳飞一样成了一名勇猛的将军，和父亲一起成就了"撼山易，憾岳家军难"的美名。

与之相反，后来以"莫须有"的罪名杀害了岳飞的秦桧，则是个不折不扣的大奸臣。他的父亲秦敏学是个县令，整天忙于公务，疏忽了对儿子的管教。等到秦桧当官之后，他谄媚逢迎，在"靖康之变"时被金人掳走，逃回来后就做了金人的走狗。他一边主张对金投降纳贡，一边打击岳飞等抗金将领，和金人签订了屈辱的和约。秦桧只有一个养子，名叫秦熺，也是个奸臣，在秦桧死后，他深知养父作恶多端，于是利用手中的权力，把当时国史里记录的对秦桧不利的内容全都进行了改写或者销毁，但是最终也没阻挡住后世的评价。

成长·心语

　　家庭是子女的第一所学校，父母是孩子的第一任老师。好的家庭教育会引导子女走在正确的道路上，错误的家庭教育会让子女误入歧途。我们想要拥有成功的人生，就要学会倾听父母的教导，从家庭教育中汲取有益的养分，正确对待父母的要求，努力让自己成为一个对社会有用的人。

严格也是一种爱

正确教育子女的方法，我们以为最主要的应该是爱和严相结合的。

——吴玉章

张明明出生在美国，他的父亲一直热爱篮球。张明明小的时候，每天看得最多的就是父亲练球的情景。在他很小的时候父亲就开始带着他参加儿童篮球联赛。但是，年纪小的张明明根本不懂得比赛的重要性，在整个赛季里，他有一半比赛的时候都只是站在球场中央吮吸大拇指。

这让张明明的父亲很生气，决定好好督促他。父亲制订了严格的训练制度：每周训练三次，每次九十分钟，刮风下雨从不间断。

在父亲的督促下，张明明很快成长起来，甚至获

我和爸妈是朋友

得了一些美国学生篮球比赛的奖项。

尽管这样，等待张明明的却不是一帆风顺的人生。

进入高一后，张明明入选了校篮球队；但是由于当时他的身高只有一百六十厘米，在一群高大的美国学生面前非常不起眼，所以，即使他有着非常精湛的技术，仍然会被别人嘲笑。

"快回去吧，亚洲人，这里是篮球场，没你的事！"

"看他那细长的亚洲人眼睛，能看得见篮板吗？"

"亚洲人打美国篮球比赛，开什么玩笑？"

……

这样的嘲笑声一直伴随着张明明，一度让他非常自卑，这个时候，他的父亲告诉他："即便有些人对你品头论足，你也必须保持冷静，绝对不能因此动怒。只要你赢下比赛，人们自然会尊重你。"

在父亲的开导下，张明明训练更加刻苦，篮球技术越来越好，在高中的最后一年，他的身高长到了一百八十八厘米，同时获得了当地高中联赛最后一个赛季的冠军，让那些曾经嘲笑过他的同学们全都闭上了嘴巴。

后来，凭借优异的成绩，张明明不仅考上了著名的大学，还成了大学篮球队的成员，开始在各大赛事中崭露头角，成了美国篮球界的一颗新星。

成长·心语

希望孩子成才是所有父母的心愿，为了实现这个心愿，很多时候，父母会对孩子严格要求，有时候甚至会造成孩子的不理解，觉得父母不够爱自己。

其实，对于父母来说，严格也是一种爱。如果没有父亲严格的训练，张明明不可能在篮球这项运动上取得如此耀眼的成绩，更不可能在面对不公的待遇时依然坚持自己的追求。

所以，我们要理解父母对我们的严格要求，并且不断地磨炼自己的意志，在人生的路上走得更高、更远。

爱是不竭的动力

孝子之至，莫大乎尊亲；尊亲之至，莫大乎天下养。

——孟子

你看过一本叫《馒头日记》的漫画吗？漫画的主人公馒头是个孤儿，他每天流浪在大街小巷，看到别人家的爸爸、妈妈和孩子在一起的幸福场景，渴望自己也有爸爸、妈妈。

有一天，下雪了，馒头冻得瑟瑟发抖。他没有地方可以住，就用在游乐场捡来的废纸糊成了房子，还堆了两个雪人做爸爸、妈妈。到了晚上，馒头住进了纸房子，睡在了雪人"爸爸"和雪人"妈妈"身边，幸福的感觉让他陷入了甜美的梦乡。

可是，睡到半夜的时候，外面突然刮起了大风，纸房子被吹走了。天亮了，太阳出来了，雪人"爸爸"和雪人"妈妈"也融化了，又剩下馒头一个人。后来，孤单的馒头遇到了一条流浪的小黑狗，他给它起名叫"花卷"，一人一狗相依为命。不幸的是，没过多久，小黑狗在去找馒头的路上被汽车撞死了……

馒头的命运是那么悲惨，但他始终没有放弃对生活的希望。他的命运也牵动着无数人的心。很少有人知道，《馒头日记》的故事是一对双胞胎姐妹为了挽救父亲的生命而创作出来的。

柳露霏和柳霜霏是《馒头日记》的作者，也是一对双胞胎姐妹。她们生活在一个幸福的家庭，父亲柳骥是个普通工人，非常疼爱女儿。柳露霏和柳霜霏从小喜欢画画，柳骥就鼓励她们做自己喜欢的事情，还想尽办法为她们买来画画用品。

就这样，一年年过去，柳露霏和柳霜霏渐渐长大，她们对画画的热情从没有消退过，在考大学时，两个人同时报考了动画专业。一次，姐妹俩一起逛街的时候，遇到了一个乞讨的小男孩，于是"馒头"的人物雏形就这样产生了。

就在她们刚刚画出《馒头日记》第一版的时候，一个噩耗降临了——她们的父亲柳骥患了直肠癌。医生说，如果想维持生命，必须动手术和化疗。

　　面对巨额的治疗费用，一家人一筹莫展，柳露霏和柳霜霏偷偷商量了很久，终于想到了靠画漫画赚钱救父亲的计划。她们瞒着父母，和原创漫画网站"有妖气"取得了联系，和网站签订了协议，重新创作《馒头日记》，依靠读者们的"捐款催更"赚取治疗费用。

　　接下来的时间里，柳露霏和柳霜霏一边读书，一边轮换着到医院照顾父亲，剩下的所有可以利用的时间都用来创作漫画。她们重新编写了馒头的故事，新的漫画在网站上连载后，很快引起了读者的关注，大家纷纷捐款，希望快点看到馒头接下来的命运。

　　为了满足读者的需求，柳露霏和柳霜霏废寝忘食，每天都画到很晚。在她们的努力下，《馒头日记》登上了网站的点击量榜首，还获得了第四届中国"新星杯"故事型原创漫画大赛特别奖。姐妹俩靠赚来的钱为父亲做了两次手术，手术很成功，她们用爱为父亲延续了生命。

成长·心语

温暖产生于爱，爱延续着温暖。漫画里馒头的故事感人至深，而现实中柳露霏、柳霜霏和父亲之间的父女之情更加动人。

人的一生中会遇到很多困境，但是只要保持一颗充满爱的心，我们终将战胜生活中的各种艰辛和磨难，迎来生命中灿烂的阳光。

来自天国的爱

母爱是一种巨大的火焰。

——罗曼·罗兰

　　街道两旁的枫叶红了的时候，艾森的妈妈去世了。她原本是个温柔又美丽的女人，说话总是轻声细语，脸上时刻挂着微笑。可是因为生病，她离开的时候，身体瘦弱无比，美丽的脸上也失去了光泽。

　　艾森很伤心，他躲在家里的阁楼上偷偷哭泣，外面很快响起寻找他的声音，可是他完全不想回答，只是蜷缩在角落里，就像躲在妈妈的怀抱里一样。

　　接下来的很长一段时间，社区里的人们见到的艾森都是一脸难过的样子，他好像始终无法从妈妈的去世中走出来。即使大人们已经想尽了办法逗他开心，爸爸甚至休假带他出去旅游，但是每当看到路边有和妈妈年龄相仿的女人走过，艾森的目光总是不由自主地追随着她们。

艾森越来越沉默，所有人都束手无策。

冬天到来的时候，艾森迎来了他的十二岁生日。因为他的生日距离圣诞节只有不到一周的时间，所以妈妈还在的时候，总是会把他的生日宴会办得特别隆重。每到这一天，妈妈一大早就会来到他的房间，把精心准备的礼物送给他，开启他美好的一天。

但是，这一切都随着妈妈的离去变成了回忆，当爸爸询问他生日愿望的时候，他忍不住说："我希望妈妈能回来。"

爸爸深深地叹了口气，一言不发地离开了。艾森一个人坐在阁楼上，直到楼下响起门铃声。他跑下楼去，发现门外是社区的邮递员杰克叔叔。

"嗨！小艾森，这里有你的一封信。"杰克叔叔从绿色的背包里掏出一封白色的信。

"我的？"艾森以为自己听错了，有谁会给他写信呢？

杰克叔叔拍拍他的肩膀，骑上自行车离开了。艾森拿着那封信站在门口，双眼盯着信封上的字迹，完全不敢相信——这是妈妈的字迹啊！

艾森迫不及待地拆开信，里面是一张薄薄的信纸，还有一张他一直想要的球鞋的购物券。

亲爱的艾森，当你看到这封信的时候，妈妈正在天国望着你。很抱歉，妈妈没能陪你过十二岁的生日；但是我相信，又长大了一岁的艾森已经是个大孩子了，你一定可以理解妈妈的无奈，对吗？所以，不要伤心，也不要哭泣，穿上妈妈送给你的球鞋，像以前一样奔跑在赛场上，做妈妈最骄傲的英雄吧！

"妈妈！"艾森对着天空呼喊，泪光中浮现出妈妈温柔的面容。

从这一天起，周围的人们惊讶地发现，艾森终于振作了起来，他不再每天沉浸在悲伤中，脸上重新有了笑容。时间一天天过去，艾森渐渐长大了。每年在他生日的时候，他都会收到一封来自天国的信件，上面是妈妈对他生日的祝福和人生的叮嘱。那薄薄的信件伴随他度过了迷茫的青少年，直到他二十八岁结婚的那一天，一个很久没见的姨妈出现在婚礼上，交给了他最后一封信。

亲爱的艾森，今天是你结婚的日子，妈妈终于可以放手了。多么遗憾，妈妈无法看到你长大成人的模样，可是又多么欣慰，你终于拥有了自己的家庭。这些年，感谢你的姨妈，是她每年坚持帮我寄出信件，帮我一步步伴你成长，现在，妈妈把你交到你的妻子手中，从今以后，换她代替我陪你前行，妈妈会永远在天国注视着你们，愿你们永远幸福。

婚礼上，艾森泪流满面，从十二岁到二十八岁，他的人生，母亲从未缺席。

成长·心语

　　爱有千万种，母爱也有不同的样子，有的母亲习惯了无微不至的关心，有的母亲则倾向于关键时刻的引导，但无论是哪一种，母爱都从未缺席。

　　艾森是幸运的，他虽然在最需要母亲关怀的年龄失去了母亲，但是始终不曾缺少母亲的关爱，即使远在天国，母亲依然用生前留下的信件陪伴和鼓励着他。

　　生命的伟大，就在于它是由一个人的血肉孕育的，这个人，在全世界有个共同的名字，叫妈妈。

一路同行的父爱

作为一个父亲，最大的乐趣就是在于：在其有生之年，能够根据自己走过的路来启发、教育子女。

——蒙田

莫扎特是个音乐神童，三岁时就已经显露出了在音乐方面的才华，四岁时开始学习钢琴，五岁开始作曲，六岁又开始学小提琴，十一岁时就已经写出了一部歌剧。他的一生创作出了许多流传后世的音乐作品，而这一切都与他的父亲对他的教育是分不开的。

莫扎特的父亲叫利奥波德·莫扎特，是一名宫廷乐师，后来晋升为宫廷作曲家和副乐长。他非常热爱音乐，在莫扎特和他的姐姐很小的时候，就开始培养他们。

从很早开始，父亲就注意到了莫扎特对音乐的兴趣。有一次，他带一位朋友回到家里，看到刚刚四岁的莫扎特正在五线谱上写写画画，就问莫扎特在干什么。没想到莫扎特很认真地说："我在作曲。"

朋友听了哈哈大笑，莫扎特的父亲却没有笑，他走过去，把莫扎特写的曲子认真地看了一遍，激动地对朋友说："你看，他写的这些又正确又富有意义啊！"

莫扎特在音乐方面的才华让父亲非常骄傲，为了能更好地教育和引导他，父亲放弃了宫廷乐师的工作，把全部精力都用到了莫扎特身上。

为了增长莫扎特的见识，父亲计划带莫扎特和他的姐姐到德国南部的慕尼黑演奏。他们乘坐着简陋的马车，把钢琴、小提琴和乐谱的谱架都捆在马车上，日夜不停地赶路，终于顺利到达了慕尼黑。

这场在慕尼黑的演奏会开启了莫扎特的欧洲之行，他被父亲带领着走过了德国、荷兰、法国、英国和瑞士等很多国家，在英国伦敦，莫扎特甚至有机会拜访了很多重要的老前辈和音乐家。这些珍贵的拜访经历和路上的见闻，丰富了莫扎特的音乐内容，也使他开阔了胸襟。

欧洲之行结束后，莫扎特已经成了一位名副其实的音乐家，但父亲对他的教育和引导并没有因此停止。在莫扎特八岁到十三岁的六年时间里，父亲安排莫扎特苦学对位法练习技艺。在莫扎特十四岁那年，父亲带领他到欧洲艺术家心目中的圣地——意大利"朝圣"。这次意大利之行在莫扎特后来的音乐生涯中起到了非常重要的作用。

在意大利，父亲想尽一切办法使莫扎特获得了在音乐理论家和教育家马蒂尼家中上课的机会。莫扎特结识了很多志同道合的音乐家，这里的艺术氛围激发了他的创作热情，短短的一年时间里，他就创作了四部交响乐和一部歌剧作品，在当时的音乐界引起了不小的轰动。

在莫扎特的一生中，父亲陪着他游学、演出了十几年，几乎走遍了欧洲所有的国家，行程上万千米。

可以说，如果没有父亲的苦心培养，就没有莫扎特这位伟大的音乐家。

成长心语

　　在一个人的成长过程中，父亲虽然往往不像母亲一样对孩子体贴入微、关怀备至，但是他们用自己厚重的人生经历，在每一个关键的时刻指引着我们前行。

　　所以，我们在赞美母爱的同时，也不能忘记藏在深沉、严格之下的父爱，要学会认真聆听父亲对我们的教诲，找到属于我们的人生之路。

我和爸妈是朋友

好爸爸和坏爸爸

为人父母天下至善；为人子女天下大孝。

——《格言联璧》

　　乔恩很小的时候，就知道自己是抱养来的。那时候，他的记忆里还残存着一个模糊的身影，那应该是他的生父；但是不管他怎么努力，都无法想起他的面容。时间久了，乔恩慢慢就忘掉了。

　　收养乔恩的是一对大学教授，他们自己没有孩子，对乔恩视如己出。对于乔恩的身世，他们并没有隐瞒，并且告诉他，他并不是被遗弃的，他的生父生母非常爱他，只是因为一些原因无法抚养他，无奈之下才把他送人。

　　对于养父母说的话，乔恩非常感激，却并不相信。在他幼小的心灵里，没有任何一对真正爱孩子的父母会把孩子送人，所以他总是默默告诉自己，现在的家才是他的家，现在的爸爸妈妈才是好爸爸和好妈妈，而生了他的那对父母是坏爸爸和坏妈妈。

后来，乔恩慢慢长大了，他的养父母把他教育得很好，特别是他的养父，那是一个学识非常渊博的社会学教授，睿智又温和，他总是会在乔恩人生的迷茫期给他良好的建议，引导着他走到正确的方向去。

"我是多么的幸运，能遇到这样一位好父亲。"乔恩总是在日记本上写下这样的话。

在良好的家庭教育下，乔恩越来越优秀，他一路从城市里最好的幼儿园到最好的小学，又从最好的小学考进最好的初中。在他一路前行的过程中，不仅有养父母的教导和陪伴，身边还始终有好心人给他鼓励和帮助。

那个好心人是他所住社区的一位园丁。有一次，乔恩无意间听到别人聊天时提起他。

"那个园丁也真是可怜，听说他的妻子在生孩子的时候难产去世，后来他自己也生病了，工作也丢掉了，只能靠在这里照顾花草为生。"

"原来他这么可怜。"乔恩怜悯地看着不远处那道修剪花圃的瘦弱身影。

就是这样一个境况令人同情的园丁，每次见到乔恩时都会露出灿烂的笑容："嗨！小家伙！今天可真是个好天气，你要好好学习啊！"

不管乔恩每天回来多晚，路过园丁休息的小屋时，那个男人都会从屋子里跑出来和他打招呼，有时候做了好吃的还会塞给他一点。有一次，乔恩考试考砸了，愧疚地不敢回家，躲在离社区不远的公园里偷偷哭泣。他的养父母急得到处去找，甚至还惊动了老师。最后找到他的，是那个不起眼的园丁。

"小家伙，你是一个男子汉，一时的失败算什么，只要努力，下次一定会成功的！"

在公园长椅上发现乔恩的时候，那个男人脱下自己的衣服披到他身上，还热心地把他送回了家。

谁也没有想到，乔恩考上初中的那一年秋天，园丁突然病重，在所有人唏嘘不已的时候，乔恩的养父母把他带到了园丁的病床前。

"孩子，请原谅我们一直没有告诉你，这位可敬的男人其实是你的生父，他因为生病无法照顾你，所以把你送给我们抚养；但是他对你的爱从未消退，只是换了一种方式陪在你的身边。"

成长·心语

　　爱的表现方式有很多种，有时候父母看似让人无法理解的决定，其实隐藏着对孩子无与伦比的深情。所以，日常生活中，我们看事物不能只看表面，而忽略了爱的本质。

　　故事里的乔恩是幸运的，他的两个爸爸都是好爸爸，一个抚养他长大，帮助他成长；另一个忍痛离开他，却依然在距离他最近的地方关注他，保护他，一直到生命的尽头。

卢克的愿望

生活中，善意的谎言可以让生活增添色彩。

—— 莎士比亚

　　每天放学回家的路上，卢克都会经过这个城市最著名的自行车赛道。那里每年都会举行一到两次全国性的自行车比赛。即使是没有比赛的日子，也会有不同城市的人们来到这里感受在赛道上驰骋的感觉。

　　每次经过那里的时候，卢克都会羡慕地看着那些自行车选手，他们矫健的身影风一样地从他的视野中掠过。

　　没有人知道，从第一天经过这里起，卢克就有了一个愿望：他想有一辆专业的自行车赛车，梦想着有一天自己也有资格在这条赛道上参赛。

　　遗憾的是，这个愿望几乎是不可能实现的。他曾经偷偷了解过，购置一辆专业的自行车赛车所需的费用已经远远超过了他的家庭所能承受的极限，所以这个愿望只好被他深深地埋在了心里。

一次很偶然的机会，老师布置了一份家庭作业，要求每个同学写出自己的愿望。卢克思考了很久，最终还是把自己那个愿望写了出来。

"我的愿望是拥有一辆自行车赛车，我渴望骑着它，成为一名专业的自行车赛车手。我做梦都向往着在赛道上冲刺的感觉。"

这个不起眼的愿望被夹在无数伟大的愿望中交到了老师手上。老师看到后，被深深地感动了，她从来没有想到，在那个瘦小的男孩身体里，有着这样与众不同的梦想。她决定帮助他。

于是，这一天的傍晚，老师约见了卢克的爸爸。那是一个看起来工作很辛苦的男人，他穿着汽车维修工的蓝色工作服，手上还有没洗干净的油污。见到老师的时候，他非常惶恐地问："是卢克在学校做了什么错事吗？"

"不！并不是。"老师有点犹豫，但还是把卢克的作文递给了他，"我只是想，您有权利知道卢克的愿望，但是如果您觉得困难的话……"

作文并不长，那个男人很快看完了，他沉默了很久，才抬起头对老师说道："谢谢您，老师。这并不困难，作为父亲，我有责任帮助卢克实现这个小小的愿望。"

看着男人离开时佝偻的背影，善良的老师有点后悔自己的举动，看起来，卢克家的经济状况并不好，卢克真的能拥有一辆自己的赛车吗？

令人意外的是，第二天一大早，卢克就兴冲冲地来到了学校，他的脸上挂着灿烂的笑容，走在路上蹦蹦跳跳。

"嗨！卢克，发生了什么好事吗？"老师忍不住问。

"是的，老师！"卢克站住向老师行礼，然后兴奋地回答，"我的愿望实现了，爸爸送了我一辆很棒的自行车赛车，那是他去超市购物时中奖的奖品，感谢上帝赐给我的好运。"

"是吗？"老师惊呆了，世界上真的会有这么巧合的事情吗？

不管怎样，卢克真的拥有了一辆赛车，他对它爱护极了，每天都把它擦得干干净净，在放学后骑着它在赛道上练习。但他有点不明白的是，工作已经很辛苦的爸爸为什么又多做了一份兼职，以至于每天很晚才能回到家里。

多年后，当卢克成了一名优秀的自行车赛车手，并且回到家乡参加比赛时，已经年迈的老师告诉了他当年的事情。卢克回到家里，在已经去世的父亲的抽屉里找到了一张发黄的购物凭证，上面的日期正是父亲声称自己中奖的那一天。明白了一切的卢克站在那里，对着父亲的遗像热泪盈眶。

成长心语

　　善意的谎言是从爱心中开出的花朵，是基于美好的愿望而生出的柔情。

　　在我们的生活中，很多时候父母都会对我们说一些善意的谎言，面对好吃的食物，他们会说自己不喜欢吃；在他们疲惫不堪的时候，他们会说"我不累"……这一切都源于他们对儿女的爱。就像故事里卢克的爸爸一样，为了不让卢克感到压力和愧疚，宁可用善意的谎言来成全儿子的梦想。

　　诚实是宝贵的，善意的谎言更是可敬的。我们要学会分辨事情的本质，用自己的慧眼发现隐藏在善意谎言背后的爱。

我和爸妈是朋友

自由是父母最好的馈赠

要解放孩子的头脑、双手、脚、空间、时间，使他们充分得到自由的生活，才能够在自由的生活中得到真正的教育。

——陶行知

台湾曾经有一位很著名的教育事务机构负责人，同时他也是台湾成功大学曾经的校长。他主张快乐教育、自由教育，并且把这两种教育理念在自己的三个儿子身上进行了实践，最终获得了巨大的成功。

在儿子们很小的时候，他就教育他们，不要把成绩看得太重，成绩不能代表一个人真正的能力。每次儿子们放学回来，他首先做的不是让他们赶紧去写作业，而是对孩子们说："读书累了，我们去打球放松一下吧！"

他曾经说过，要让孩子学会自己走路，因为今天我们要走的路，未必是孩子明天要走的路。所以，对于儿子们选择的道路，他从不干涉，而是在力所能及的范围内给予他们支持和指导。

　　有一次，他的二儿子想要骑自行车从美国东部横穿到西部。这个计划在家庭里一宣布，立即引起了大家的担心，但是吴京并没有要求儿子放弃这个计划，而是诚恳地告诉他家人们的担忧。二儿子听了之后，经过慎重的思考，将自己的骑行计划改成了沿着美国西海岸骑一圈。对于儿子的这个决定，吴京选择放下手头的工作，抽出一整天时间，一大早坐飞机赶到西部，租了一辆车，跟在儿子后面陪着他、鼓励他，为他加油的同时还拍摄了很多照片留念。

　　这位父亲给予儿子的自由选择权，让他的家庭里充满了自由、民主的气氛，三个儿子在成长的过程中都非常快乐。为了拉近和孩子们的距离，他专门学习了理发技术，亲自为孩子们理发。有一次，在为正上初中的一个儿子理发时，儿子忽然说："爸爸，如果你能让全家人年龄都停在这个时候，不再长大，那该

我和爸妈是朋友

多好。"

　　他的三个儿子读的都是美国的私立大学，学费压力很重，但在孩子们的教育上，他从不吝啬。他告诉孩子们两件事：第一件事是不要为了省钱而委屈自己，任何时候都可以给家里打电话；第二件事是永远不要为了学业而放弃身体，只要是为了锻炼，不管他们需要什么体育器材，他都会尽力满足。

　　很多年过去了，儿子们虽然不需要再问家里要钱，但依然保持着随时打电话回家的习惯，并且每周都要健身，从未间断。

　　在他的教育下，他的儿子们全部学业有成，成了各自领域里的精英。

成长心语

　　拥有开明的父母无疑是一件非常幸运的事情，但在现实生活中，并不是每个人都能拥有这种幸运。只要你在做出选择时坚信自己是正确的，不妨把你的想法和父母开诚布公地交流。也许在你觉得毫无希望的时候，会收获意想不到的惊喜。

最"功利"的运动员

世界上的一切光荣和骄傲，都来自母亲。

——高尔基

2016 年的里约奥运会上，有一个项目的比赛受到了很多人的关注，那就是体操比赛。当一位女选手走上赛场时，所有人都惊呆了。

这一年，这位选手已经四十多岁了。对于体操项目来说，她已经是"祖母"级别的选手了，她曾经对和她一起参赛的小姑娘们说："你出生的时候，我已经在奥运会上拿奖牌了"

究竟是什么样的精神和毅力，让她一直在赛场上坚持呢？

"一枚世锦赛金牌等于三千欧元的奖金，多参加比赛是为了多得奖金。"她是这样回答的。

这是一个听起来很"功利"的回答，一个运动员，不是为了祖国，不是为了名誉，仅仅是为了奖金参赛。然而，没有一个人能因此而鄙视她，因为这个"功利"回答的背后，藏着一个母亲令人动容的母爱。

这位选手的儿子三岁时被诊断为白血病。那一年，她二十七岁，面对高额的治疗费用，她和丈夫卖掉了名下所有的房子和车子，依然凑不齐费用。为了给儿子治病，她毅然重返赛场，并且在最短的时间内把自己训练成了一名全能的体操选手，只为了多参加比赛。

"对我来说，儿子就是我全部的生命。只要他还生病，我就一直坚持下去，他就是我的动力。"这是这位选手作为母亲的心声。

为了挽救儿子的生命，她不敢病，不敢伤，不敢退，几乎把所有的时间都花费在了体操赛场上，无休无止地训练，马不停蹄地参赛，只为了获得奖牌，为儿子赚得一些治疗费用。

她的故事感动了无数人，每一次她出场时，观众们都对这位母亲报以最热烈的掌声。在近两届的奥运场上，她还获得了单项银牌的好成绩。曾经同为体操

085

运动员的"体操王子"李宁在知道她的事情后，资助了两万欧元用于她儿子的治疗。

在世界体操史上，她已经打破了最大参赛者的年龄纪录，并且一直保持着良好的状态，赢得了多枚奖牌。2008 年的一次比赛中，她在完成最后一个动作时突然跟腱断裂。这样的重伤对于一个体操运动员来说是致命的，几乎可以宣布彻底结束运动生涯。但是为了给儿子治病，这位选手用常人无法想象的努力，在短时间内复出，继续辗转在各大国际赛场。

"哪怕还有一点点的机会，我都不会放弃。"她说。

幸运的是，在她的努力下，她的儿子从家乡去往德国接受更专业的治疗，病情得到了控制，甚至慢慢有了好转。最近还因为受母亲影响而对体操更加热爱，报名参加了体操班，并且在地区少年组男子全能赛上获得了冠军。

"我已经做到了我能做到的一切，我的普通生活终于要开始了。"看到站在领奖台上的儿子，她热泪盈眶。

在她的运动生涯中，她参加了多届世锦赛和奥运会，拿到了足以被载入体育史册的成绩。她用从未停止的脚步和永远活跃在赛场的身影向所有人宣告，也向世界证明：母爱的力量可以战胜一切，创造奇迹，谱写传奇。

成长·心语

　　有人说，这位选手是最"功利"的体操选手，因为她参赛的唯一目的就是赚奖金，为儿子治病。但是在这里，"功利"并不是贬义词，它是对一个女人、一个母亲、一个运动员最高的褒奖。

　　母爱可以让一个人走多远，没有人知道，但是如果没有母爱，我们的生命之树在风霜严寒下终将凋零。所以，我们在为她这位最美的"奥运妈妈"祝福的同时，也要向世界上所有为儿女付出的母亲们致敬。

伊莉莎的秘密

幸福家庭是培育孩子成人的温床，家庭生活的乐趣是抵抗风气毒害的最好良剂。

——卢梭

从伊莉莎记事开始，她的爸爸、妈妈就总是吵架，他们很少会有和平相处的时候，偶尔一点小事就能让他们歇斯底里地争吵起来，甚至有时候还会爆发一场家庭战争。

这让伊莉莎从小就非常胆怯和自卑，她总是担心自己会做错事惹爸爸、妈妈生气，所以每天回到家里，她都会躲到自己的房间，然后望着窗外发呆。

有一次，在爸爸、妈妈再一次争吵的时候，伊莉莎听到他们互相指责对方不肯关心、体谅自己，并且提到了离婚。

这让伊莉莎害怕极了，她不想让爸爸、妈妈离婚，不想失去自己的家，于是把自己的苦恼告诉了好朋友罗尼。

"如果我的爸爸、妈妈像你的爸爸、妈妈一样相爱就好了，这样他们就不会吵架，也不会离婚了。"伊莉莎对罗尼说。

"不！"罗尼并不赞同伊莉莎的观点，"我想，他们一定还是相爱的，只是忘记了去发现而已。"

"那要怎样才能让他们发现呢？"伊莉莎问。

"让我想一想。"聪明的罗尼很快想到了办法，把它告诉了伊莉莎。

于是，这一天晚上，当伊莉莎的爸爸、妈妈一个在厨房里满腹牢骚地做晚餐，另一个在书房里愁容满面地看报告时，伊莉莎端着一杯温水敲开了书房的门。

"你来做什么？"爸爸抬起头，很不满地看着她。

伊莉莎下意识就想要逃跑，但是想到罗尼的话，她深吸一口气，勇敢地走上前去："妈妈说您工作太久了，让我来给您送一杯水，您喝了之后可以好好休息一下。"

"放这里吧！"

爸爸点点头，没再多说什么。伊莉莎发现他紧皱的眉头似乎放松了一些，脸上的表情也变得温和。

伊莉莎退出书房，又跑到厨房里，乖巧地拿起蔬菜开始清洗。

"伊莉莎，你快去写作业，不要在这里捣乱！"妈妈挥着手赶她。

"我的作业写完了，妈妈。"伊莉莎解释说，"是爸爸让我来的。他说您工作一天了，还要准备一家人的晚餐太辛苦，所以让我来帮帮您。"

"是吗？"妈妈愣了一下，眼睛里流露出一丝笑意，低下头默许了伊莉莎的行为。

这一天的晚餐时间，伊莉莎感觉到了家里久违的温情，爸爸、妈妈第一次没有在吃饭的时候吵架，甚至在晚餐结束的时候，他们还互相微笑了一下。

在后来的日子里，伊莉莎又做了很多次这样的事情，但是渐渐地，她发现已经不需要自己善意的谎言了，因为爸爸、妈妈开始主动为对方做一些事情，吵架的事已经很久没有发生了。

　　而伊莉莎曾经为他们做过的事情，也成了她和罗尼共同的秘密。多年后，当已经变得乐观开朗的伊莉莎回想起曾经的事情，她依然由衷感激那个为和谐的家庭关系而努力付出过的自己。

成长心语

　　家是个神圣的字眼，它是我们人生永远的港湾，也是我们前行的最大动力，温馨的家庭关系对一个人的影响是巨大的。

　　随着社会节奏的加快，很多父母都忙于应对生活的压力，有时候难免会产生矛盾。这个时候，作为孩子的我们就成了最好的润滑剂。我们在体谅父母辛苦的同时，也要学会做父母感情的纽带，尽自己的能力维持良好的家庭氛围，让父母在繁忙之余也能时刻感受到爱的力量。

自信成就未来

如果一个孩子生活在批评中，他就学会了谴责。如果一个孩子生活在鼓励中，他就学会了自信。

——多萝茜·洛·诺尔特

鼓励产生自信，自信成就未来。有三个小故事，很好地验证了这个真理。

一天晚上，在美国的俄亥俄州，一位年轻的母亲正在房间里忙碌，偶尔透过窗户，看一眼在院子里独自玩耍的儿子。突然，她发现儿子仰着头在月光下跳来跳去，而且一直重复着这个单调的动作。她感觉奇怪极了，走出去问儿子："亲爱的，你在干什么呢？"儿子仰起头，一脸认真地回答她："妈妈，我想跳到月亮上去。"

跳到月亮上去？这个年轻的妈妈一下子被儿子的

奇思妙想惊呆了，但是她想了想，并没有嘲笑儿子天真的话语，反而笑着对儿子说："好啊！不过，一定要记得回来呀！"

因为妈妈的鼓励，这个孩子并没有觉得自己的想法是不可实现的，他抱着积极乐观的心态开始为自己的梦想努力。后来，他真的成了人类历史上第一个登上月球的人，他的名字叫阿姆斯特朗。

而在离阿姆斯特朗不远的另一个城市里，这里曾经有一个穷苦的牧羊人带着自己的两个儿子在山坡上放羊。他们在赶着羊群向前走的时候，天空有一群大雁飞过，它们扇动着翅膀，鸣叫着掠过父子三人的头顶。

牧羊人的小儿子被大雁的叫声吸引，他抬头看着飞走的大雁，问自己的父亲："爸爸，大雁要飞到哪里去呀？"

父亲说："天气渐渐冷了，大雁要飞到南方去过冬了。"

"真好。"小儿子羡慕地说，"如果我也会飞就好了，那我就可以飞到天上去，说不定可以见到天堂里的妈妈。"

我和爸妈是朋友

牧羊人笑了，他摸了摸小儿子的头发，又看了看大儿子同样向往的眼神，对他们说："你们现在还小，所以飞不起来；但是只要你们想飞，并且一直努力，总有一天可以去任何你们想去的地方。"

两个孩子听了父亲的话很久都没有开口，他们看着飞远的大雁，默默在心里下定了决心。后来，他们真的成功地飞上了天空，他们就是莱特兄弟，我们乘坐的飞机就是他们发明的。

美国的马萨诸塞州还有一个小男孩，他从小患有口吃症，每次和别人说话都结结巴巴，所以只要他一开口，大家就会嘲笑他。他感到非常自卑，并把自己的苦恼告诉了母亲。他睿智的母亲对他说："这是因为你太聪明了，没有任何一个人的舌头可以跟得上你这么聪明的脑袋。"

母亲的鼓励让小男孩收获了自信，他开始有意识地训练自己的语速。渐渐地，他口吃的症状越来越轻微，直到最后消失不见，他甚至成了一个非常优秀的演说家，并且担任了美国通用电气公司的首席执行官，被人们称为"全球第一CEO"。他的名字叫杰克·韦尔奇。

成长心语

　　无论是阿姆斯特朗，还是莱特兄弟，或者是杰克·韦尔奇，在他们的一生中，也许有很多次受到别人鼓励的机会。但是在他们年幼的时光里，来自父母的鼓励却在最初的时候就奠定了他们自信的基石，帮助他们走上成功的道路。

　　所以说，鼓励是一种力量，我们要善于从父母的鼓励中汲取营养，并将其转化为自信的动力，推动我们生命的航船扬帆远航。

这没什么大不了

永远以积极乐观的心态去拓展自己和身外的世界。

——曾宪梓

　　凯瑟琳觉得自己的父亲是个很神奇的人，因为他就像自己的朋友一样亲切。她从来没有见过父亲沮丧的样子，不管遇到多么糟糕的事情，父亲总是笑着说："这没什么大不了的，看我怎么战胜它！"

　　有一天夜里，大风把家门前的一棵大树刮倒了，第二天早上推开门，大树堵住了门口，所有人都无法出门。正当凯瑟琳为不能出去玩而沮丧的时候，父亲走过来开心地说："哇！上帝一定是知道我想要到树顶看看，所以才把大树送到了我们面前。"

　　父亲的话一下子吹散了凯瑟琳心头的乌云。她想到，自己也从来没有见过树顶是什么样子。她兴致勃勃地和父亲沿着树干爬到了树顶，还在树叶的间隙里发现了一个漂亮的鸟巢。等到玩够了，父亲拍拍手对她说："不就是要把这棵大树移开嘛，这没什么大不了的，看我怎么战胜它！"

父亲找来了绳索和各种工具，还请来了旁边的几位邻居帮忙，很快就把大树移开了。周围的孩子们听说凯瑟琳拥有了一个漂亮的鸟巢，纷纷跑过来看。凯瑟琳度过了非常美好的一天。

又等到一个周末，凯瑟琳跟着父亲去徒步旅行。在走到一半路的时候，天空忽然飘起了雪花，视野中渐渐变成白茫茫一片，地图上作为标志物的东西越来越模糊，凯瑟琳和父亲很快就迷路了。

"爸爸，我们该怎么办？"凯瑟琳冻得瑟瑟发抖，她看着已经完全辨不清方向的道路，惊慌失措。

"不要担心，我已经给救援队打了电话。"父亲解下自己身上的衣服，披在了凯瑟琳身上，同时还挥了挥拳头说，"我们可以在等待救援的时候，顺便欣赏一下雪景，这不是一件很棒的事情吗？"

凯瑟琳没有办法，只好和父亲在雪地里跳来跳去，

我和爸妈是朋友

只为了让自己更暖和一点。但是，渐渐地，雪下得越来越大，恶劣的天气让手机也失去了信号，救援队却迟迟没有到来。

跳累了的凯瑟琳停下来，气喘吁吁地对父亲说："爸爸，我们会不会被冻死在这里？"

"当然不会！"父亲虽然也很担心，但还是给了凯瑟琳一个鼓励的拥抱，"虽然上帝想要让我们在雪地里多待一会儿，但是我觉得我们还是离开这里比较好，不如我们往回走一走，说不定能遇到救援的队伍。"

"那好吧！"凯瑟琳同意了，她和父亲手拉手，艰难地走了一段，大雪很快浸湿了她的鞋子，她走不动了。"不要担心，很快就会好起来的！"父亲蹲下来背起凯瑟琳，一边走一边唱起了歌。

父亲的乐观精神感染了凯瑟琳，渐渐的，凯瑟琳也忘记了担忧，父女俩在雪地里一边唱一边走。两个小时后，救援队终于顺着歌声找到了他们，筋疲力尽的父亲在爬上救援队伍的车时，还对凯瑟琳做了一个胜利的手势。

"这没什么大不了的，看我怎么战胜它！"

成长心语

　　我们要学习凯瑟琳的父亲，在遇到困境的时候，换一种眼光来看世界，对待困难要始终保持一种"这没什么大不了的，看我怎么战胜它"的心态，学会发现事物的另一面，用积极去面对困难，用乐观去战胜阻碍。

我和爸妈是朋友

> 距离和独立是对人格的尊重，在最亲近的人中也应该保有这种距离。
>
> ——于丹

安迪是个开朗活泼的小姑娘，每次放学回家，她总是叽叽喳喳地和爸爸、妈妈说着学校的各种趣事，可是随着青春期的到来，她渐渐有了自己的小秘密，再也不会像以前一样什么都告诉爸爸、妈妈了。

安迪有了新的爱好，她开始喜欢上了写日记，每个夜深人静的夜里，她把一天中的喜怒哀乐和不想被别人知道的小心思写进日记里，然后抱着日记本进入甜美的梦乡。

但她不知道的是，对于她的改变，爸爸妈妈非常着急，他们总是忧心忡忡地望着女儿的背影，想象着那本日记里究竟写了些什么秘密。

终于有一天，妈妈忍不住了，她对丈夫说："现在安迪什么都不告诉我们，我觉得很不安，如果我们知道她在想什么就好了。"

"是的，万一安迪在我们不知道的时候学坏了，那就糟糕了。"安迪的爸爸皱着眉头回答。

对安迪成长的担心很快让他们做了一个大胆的决定,趁着安迪去上学的时候,妈妈借着打扫房间的机会,翻看了安迪的日记本。

"今天我看了一本杂志，上面说，每一个女孩子都应该有一双漂亮的高跟鞋，和一支美丽的口红，什么时候我才能有一双高跟鞋和一支口红呢？"

"班级里来了一位转学生，他叫维恩。格蕾莎告诉我，维恩是她见过的最帅的男孩子，我笑了笑没有回答，因为我觉得，学校里成绩最好的卡西索才是最帅的，但这是我的秘密，我不会告诉格蕾莎的。"

"今天我觉得很烦，因为经常喜欢针对我的塔西娅考试比我多了两分，她拿着试卷嘲笑我的智商，我很生气，可是又不想和她吵架，到底怎么做才能让塔西娅不再找我麻烦呢？"

......

日记本就像一个小小的世界，一下子把安迪所有的秘密都暴露在妈妈的面前，妈妈忍不住想要翻看得更多，渐渐地忘记了时间，直到一道愤怒的声音唤醒了她。

"天哪！你在干什么？妈妈！"不知道什么时候放学回来的安迪站在房间门口，小脸涨得通红，她跑过来一把抢过妈妈手中的日记，"你为什么要看我的日记？"

"安迪？"妈妈吃了一惊，但她很快镇定了下来，然后微笑着说，"妈妈只是想知道你在想什么。"

"可是，这是没有经过我允许的行为，是不对的！"安迪很生气。

对于安迪的指责，妈妈并不认同，她觉得安迪是在无理取闹，安迪伤心地把妈妈赶出去，一个人躲在房间里把日记本撕了个粉碎。

从这一天起，安迪再也不写日记，也不和爸爸、妈妈说话。这件事终于被安迪的爷爷知道了，他狠狠地批评了安迪的爸爸、妈妈一顿，并且要求他们向安迪道歉。

"安迪的日记本是她的私人物品，你们的行为已经侵犯了孩子的隐私，难道不应该感到愧疚和自责吗？

在爷爷的教育下，安迪的爸爸、妈妈终于认识到了自己的错误，他们诚恳地向安迪道歉。而安迪也明白了爸爸妈妈担忧她遇到困难的心情，不仅原谅了他们，还把爸爸妈妈当作朋友，一起分享自己的快乐与烦恼。一家人终于回到了温馨和睦的生活，而安迪的床头，又多了一本更漂亮的新日记本。

成长心语

　　每个人都有自己的秘密，即使是父母和子女之间，也要学会相互尊重对方的隐私。特别是青春期的孩子，独立意识开始觉醒，自尊心也变得更加敏感，更需要得到父母的尊重和爱护。

　　但是，理解和尊重是相互的。作为子女，我们也要认识到，在我们想要拥有自己秘密的同时，也要体谅父母对我们的关心，学会用理智的方式和父母交流和沟通。在遇到困难和迷茫时不要忘记向父母求助，把父母当作朋友一样沟通。只有这样，我们在人生的道路上才不会走偏，父母也能放心地给予我们独立的空间。